AF368728

Técnicas para ahorrar costos en operativas especiales

Luis Carlos Hernández Barrueco

Con la colaboración de:

www.logisnet.com

Colección: Biblioteca de logística
Director: David Soler

Técnicas para ahorrar costos en operativas especiales. Aurum 2H
1.ª edición, 2017

Edita: Marge Books
Avda. Alcalde Moix, 28 - 08207 Sabadell (Barcelona)
Tel. 931 429 486 - marge@margebooks.com
www.margebooks.com

Gestión editorial: Hèctor Soler
Edición: Cristina Torres, Alba Megías, Anna Vinyals
Compaginación: Mercedes Lara
Infografía: Geray Serrano, Juan Zamora

ISBN: 978-84-16171-32-3-H
Depósito Legal: B 6790-2017

A Justino Hevia, maestro de maestros,
de quien aprendí muchas de las técnicas que aquí se plasman

Vale más poner un ladrillo todos los días en la realidad,
que construir la gran muralla china en los sueños.

L. CARLOS HERNÁNDEZ BARRUECO

Unidades temáticas 

Aurum 1A

Técnicas para la gestión financiera en logística

Aurum 1B

Técnicas para innovar y gestionar proyectos en logística

Aurum 1C

Técnicas de planificación industrial y gestión de existencias

Aurum 1D

Técnicas de cálculo con vehículos y unidades de transporte

Aurum 2E

Técnicas para ahorrar costos en el transporte

Aurum 2F

Técnicas operativas en almacén

Aurum 2G

Técnicas y fórmulas de estiba de mercancías

Aurum 2H

Técnicas para ahorrar costos en operativas especiales

Índice

El autor

Luis Carlos Hernández Barrueco (Vitoria, 1972) es licenciado en Ciencias Políticas por la Universidad del País Vasco. Cursó el Máster en Dirección Logística Integral (CSG), estudios de Comisario de Averías (Colegio Oficial de la Marina Mercante) y posee otros títulos relacionados con la Dirección Logística integral, Calidad, PRL y *Management.*

Tras veinte años de desempeño en el sector logístico, tiene experiencia en todos sus ámbitos, donde ha ocupado puestos de responsabilidad en empresas multinacionales, como jefe de planta en Steco–Allibert, adjunto al director de Operaciones en Norbert Dentressangle, director de Logística y Control de la Producción en Faurecia y responsable de Logística en Levantina y Asociados de Minerales.

El autor también ejerce como profesor de Logística y ha diseñado los campus virtuales *(e-learning)* de diversas escuelas de negocios. Es una figura relevante en la educación 3.0, con el empleo de tecnologías como la realidad aumentada o simuladores, campo donde realizó el primer curso de aprendizaje en línea con Google Glass y Epson Moverio BT200.

Introducción

La logística es un área profesional que engloba el transporte, el almacenaje, la distribución de productos, la planificación industrial y, en ocasiones, incluso las compras y el aprovisionamiento. Sin embargo, es una disciplina difícil de aprender porque apenas existe formación reglada sobre estas áreas (estudios universitarios, ciclos de formación profesional o de capacitación, por ejemplo), de modo que se transmite principalmente a través de seminarios, programas o másteres no estandarizados. Por lo general, esto supone una formación diferente en cada caso y sin un criterio común sobre el contenido necesario que hay que saber para desempeñar una determinada actividad.

Por otro lado, aunque en el aprendizaje de la logística tiene una gran relevancia la práctica, la mayor parte de la formación impartida es teórica, a través de clases magistrales, con lo que no se consigue ofrecer una visión global sobre ella.

Motivados por crear una metodología de aprendizaje innovadora en el ámbito logístico, basada en la **microformación,** hemos desarrollado el método AURUM. Esta es una **metodología didáctica,** organizada para dar cohesión a los diferentes y disgregados conocimientos que se precisan para llevar a cabo las distintas funciones logísticas, y así facilitar su aprendizaje mediante una sistemática progresiva. El soporte utilizado es, preferentemente, el aprendizaje visual y físico en el que se emplean, además, las tecnologías de la información y la comunicación.

¿Qué es una destreza profesional?

Es la habilidad para realizar un proceso concreto de trabajo con eficacia y de manera correcta. Dentro de las destrezas se encuentran las técnicas, las tácticas o estrategias, la ejecución de procedimientos o protocolos y otras habilidades necesarias para la ejecución de un trabajo determinado.

En el ámbito de la logística, como en la mayoría de países no existe una formación estandarizada, los profesionales que quieran dedicarse a esta actividad se ven forzados a realizar estudios no diseñados para este propósito. Con lo cual, el rendimiento obtenido en relación con las horas invertidas es bajísimo. Esto se puede representar con la siguiente fórmula:

$$\text{Rendimiento educativo} = \frac{\text{Destrezas utilizables en un puesto de trabajo}}{\text{Horas invertidas}}$$

Ejemplo:

$$\text{Rendimiento educativo carrera cuatro años} = \frac{40}{4.800} = 0,08 \text{ destrezas/hora}$$

La mayoría de profesionales que quieren dedicarse a la logística realizan unos estudios base, con el fin de obtener un título universitario o de formación profesional, y complementan posteriormente su formación mediante masters, seminarios o programas.

Sin embargo, muchos desconocen las destrezas profesionales necesarias para desempeñar con soltura un determinado empleo. Si esto estuviese tipificado a nivel general, o de manera específica por parte de las empresas contratantes, podrían establecerse programas formativos acorde a estas destrezas, multiplicando enormemente el rendimiento formativo, que se obtiene de la división entre las destrezas utilizables y las horas invertidas.

Pero no solo hay que tener en cuenta el qué, sino también el cómo aprender. No se puede aprender algo complejo y aplicarlo magistralmente de manera inmediata, sino que hay una curva de aprendizaje. Se evoluciona desde el conocimiento del concepto hasta su ejecución práctica con destreza. Esto se puede ver representado en el siguiente gráfico:

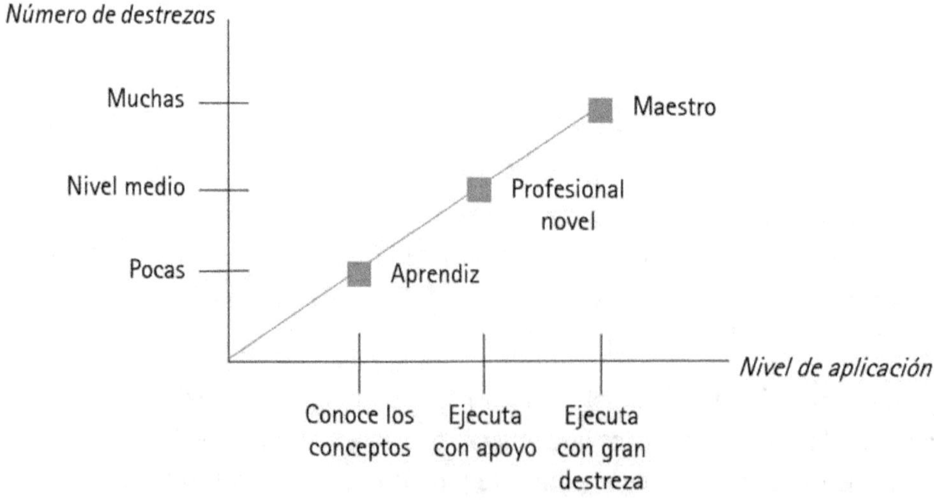

Metodología AURUM

Los conocimientos sobre logística se pueden aprender y aplicar a través de **las técnicas, las tácticas y las estrategias.** Para el estudio y el perfeccionamiento de un conocimiento es necesario potenciar las técnicas relacionadas con la visión y la práctica. Para ello, hay que apoyarse en una formación que transmita un aprendizaje de estas técnicas y que dé paso a su aplicación conjunta mediante las tácticas apropiadas. Lo que se pretende es adquirir la destreza para su aplicación y llegar a un nuevo nivel: el del pensamiento estratégico, que abre las puertas a la innovación, a la redefinición de procesos y a la mejora de todos los conocimientos adquiridos.

La metodología AURUM se desarrolla en tres fases de aprendizaje y este libro forma parte de la primera fase, la de las técnicas. La segunda fase está destinada a las tácticas, que combinan diferentes técnicas, y la tercera está destinada a las estrategias, donde se aplican los conocimientos adquiridos en una orientación determinada.

A su vez, cada fase se expone a través de áreas de conocimiento agrupadas en torno a tres ejes temáticos:

- Innovación, planificación y gestión en logística.
- Operativas de transporte y almacén.
- Ejecución y medición del servicio.

Esta edición, presentada en forma de **fichas de microformación,** está dedicada al segundo eje temático, donde se reúne un compendio de técnicas y fórmulas relacionadas con las siguientes áreas:

- Ahorro de costos en el transporte.
- Operativas en almacén.
- Estiba de las mercancías.
- Operativas especiales.

AURUM se plantea como una guía didáctica 3.0 con el apoyo de enlaces (códigos QR) con los que ampliar el conocimiento. En definitiva, AURUM es una metodología desarrollada para proporcionar las destrezas que se precisan para realizar el trabajo diario en logística.

Técnicas	Tácticas	Estrategias
Son maneras de realizar una acción o un proceso. Las más eficientes o eficaces pasan a ser *las mejores prácticas.*	Son métodos de abordar un objetivo y que conllevan la aplicación de una o diversas técnicas.	Son planteamientos que marcan la orientación general de aplicación de las tácticas y técnicas hacia un enfoque determinado.

Al final de esta introducción, se ofrece un ejercicio práctico con la finalidad de comprobar si las acciones que en él se describen, que son actividades logísticas, pertenecen al ámbito de las técnicas, las tácticas o las estrategias.

Áreas de conocimiento logístico

Las tres fases de aprendizaje de la metodología AURUM representan el conocimiento que es posible aplicar en los procesos logísticos. En estas tres fases se conectan e interactúan las áreas del trabajo diario, reunidas en torno a doce áreas de conocimiento, para facilitar su estudio conjunto.

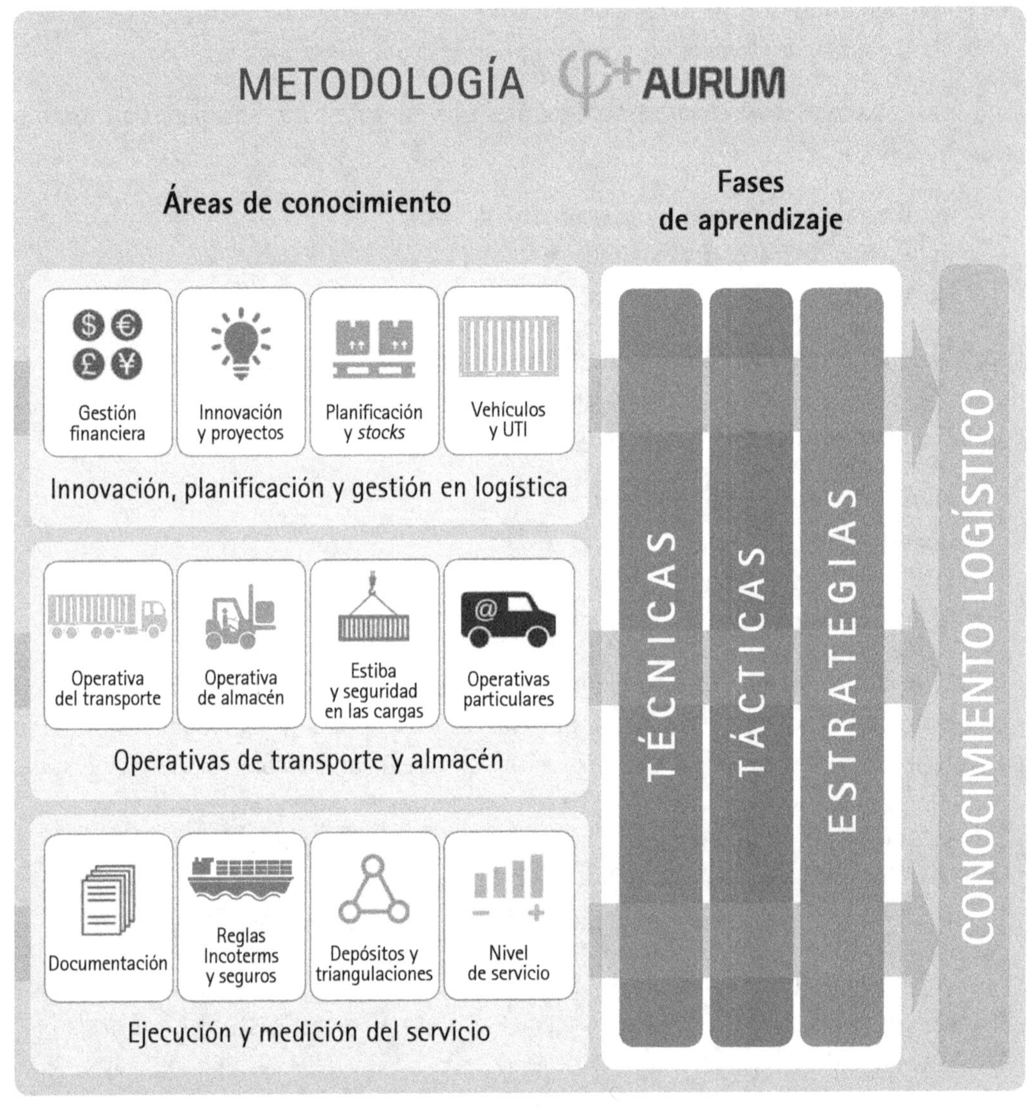

Fichas de microformación

La estructura de este libro responde a la metodología de aprendizaje AURUM. Se basa en la microformación, un sistema didáctico que permite que los contenidos se presenten en fichas independientes donde en cada una se aborda y resuelve un tema específico.

El contenido de cada ficha se presenta a su vez formando apartados que tratan la definición de cada tema, y ofrecen diferentes enfoques que facilitan la comprensión de procesos o aplicaciones y la asimilación de soluciones prácticas, ejemplos o fórmulas, entre otros aspectos clave.

Por este motivo, dependiendo de los temas que se tratan, cada ficha puede contener:

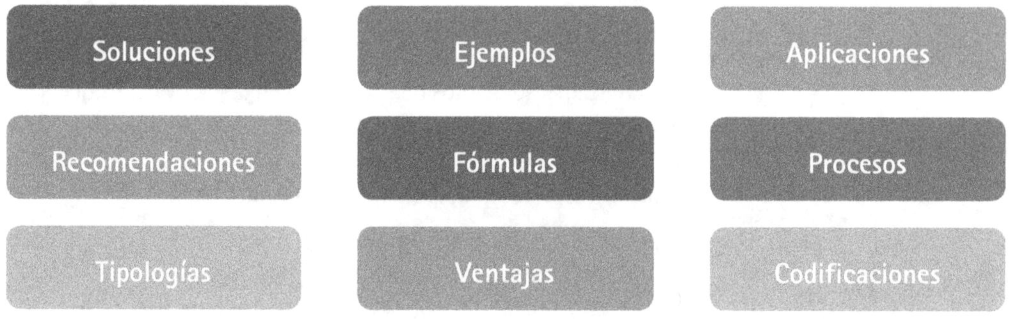

Asimismo, numerosas fichas se complementan con informaciones que permiten ampliar conocimientos específicos y enlaces a contenidos presentados en formato audiovisual:

 Información adicional de interés.

 Códigos QR con enlaces a internet.

 Las fichas de microformación presentan contenidos didácticos con un elevado nivel cualitativo. La metodología AURUM prioriza los aspectos significativos de la información y permite comprender con facilidad temáticas complejas.

Recomendaciones para la formación

Para impartir o recibir formación en cualquier área de conocimiento en logística bajo la metodología AURUM es conveniente tener en cuenta las siguientes recomendaciones didácticas:

Ítem	Metodología Aurum
Metodología didáctica	Actividades participativas
Desarrollo de la formación	El formador puede exponer las técnicas, los objetivos que se deben aprender y mostrar cómo se hace. Los alumnos deben ejecutar el proceso hasta que se alcanza el objetivo con destreza
Canales de comunicación preferente	La comunicación verbal y visual
Materiales empleados	Preferentemente objetos relacionados con las actividades que se han de desarrollar, como maquetas, realidad aumentada, realidad virtual, simuladores, tabletas, teléfonos inteligentes, ordenadores, diapositivas, vídeos, tablas, papel y gafas inteligentes
Lugar de la formación	Espacio donde se desarrollan las técnicas, tácticas o estrategias objeto de la formación. Para facilitar que los alumnos interactúen, el aula se puede disponer formando un círculo, con un objeto en el centro como, por ejemplo, una maqueta
Formato del curso	Microformación. Aprender una a una las técnicas, las tácticas o las estrategias concretas. Se pueden explicar previamente los objetos o componentes y las definiciones necesarias
Prácticas y proyectos de fin de curso	Las prácticas se pueden hacer durante la formación, sobre maquetas u otros elementos o bien sobre el terreno. Para asentar los conocimientos, se pueden realizar trabajos con objetivos reales que hay que alcanzar bajo las premisas y la supervisión del formador
Tiempo	Se pueden hacer formaciones planificadas, pero se debería centrar en torno a la formación inmediata, gracias al acceso a microcursos en línea sobre temas específicos. Algunos elementos pueden reducir el tiempo de formación necesario, como las gafas inteligentes con instrucciones que hay que visualizar durante la ejecución, por ejemplo
Medios para favorecer la retención de los contenidos	Las fichas rápidas de consulta, las técnicas nemotécnicas visuales, la práctica física, los simuladores, los microcursos o los vídeos de disposición inmediata
Valores de la formación	Sencilla, fácil, práctica y orientada hacia objetivos concretos

Indique si estos hechos son técnicas, tácticas o estrategias con una X:
(Verifique sus respuestas en la parte inferior de la tabla.)

Acciones	A. Técnicas	B. Tácticas	C. Estrategias
1 Calcular la capacidad en metros cúbicos de un contenedor			
2 Planificar la actividad de un almacén mediante ventanas horarias y turnos de ocho horas			
3 Fijar un *stock* de seguridad			
4 Orientar una empresa de transporte hacia el mercado del grupaje en Centroeuropa			
5 Realizar planes de mantenimiento preventivo para disminuir los daños por averías			
6 Cumplimentar adecuadamente una carta de porte CMR			
7 Rediseñar el sistema de distribución de una compañía basándolo en el uso de comisionistas			

Respuestas: 1-A / 2-B / 3-A / 4-C / 5-B / 6-A / 7-C

H
Técnicas para ahorrar costos en operativas especiales

Introducción a las operativas especiales

En el transporte de mercancías y en los procesos logísticos existen técnicas conocidas como operativas especiales, que **cuestan de clasificar por ser sumamente diferentes** de las otras. Esta unidad temática se centra en estas operativas y aborda las siguientes áreas:

- Logística del comercio electrónico y del envío de pequeño tamaño.
- Logística verde.
- Transporte especial y gestión de proyectos de carga.

Descripción

El comercio electrónico es un área de gran crecimiento comercial. La logística que lo sustenta es tan compleja y novedosa que ha adquirido una personalidad y técnicas propias, lo que ha hecho evolucionar a los sectores de la mensajería y la paquetería. Entre sus nuevos retos está el enorme número de entregas atomizadas que tienen que cubrir, con plazos de tiempo muy acotados, y la búsqueda constante de reducción de costos.

Por otro lado, existe una conciencia social que aboga por el respeto hacia el medio ambiente en las operaciones logísticas, especialmente en cuanto a las emisiones contaminantes y la gestión de las mercancías peligrosas. Esto conlleva la aplicación de técnicas específicas, que también se explican en esta unidad didáctica.

Finalmente, se abordan los transportes especiales y la gestión de proyectos de carga. Esta es un área con técnicas y casuísticas tan particulares, que merecen un apartado propio.

¿Qué servicios pueden prestarse en la logística del comercio electrónico?

También conocida como e-logística, comporta multitud de servicios, no únicamente el del transporte. Implica una serie de técnicas que es necesario conocer, ya que son **procesos muy diferentes de los de la logística tradicional.**

Características	Logística tradicional	e-logística
Tipo de envío	Predomina la carga completa (camión, contenedor, etc.)	Predomina la pequeña carga (paquete individual o sobre con documentación)
Estilo de demanda	Producción y luego venta	Venta y luego compra o producción
Cliente	Habitual y conocido	Desconocido y poco regular
Flujo de mercancías	Regular y conocido	Irregular y desconocido
Puntos de destino	Mayoritariamente empresas	Mayoritariamente particulares
Demanda	Estable y predecible	Inestable e impredecible
Uso de almacenes físicos	Es necesario tener un inventario físico	Se puede prescindir de inventarios y externalizarlos

Solución

Recursos para gestionar los servicios de la e-logística

- Gestión de la externalización en la cadena de suministro: sistema e-SCM.
- Envío tercerizado o *dropshipping*.
- Recepción y preparación de pedidos: *e-fulfillment*, sistemas de reexpedición, etc.
- Servicio de empaquetado y embalado.
- Logística inversa de embalajes.
- Gestión de flotas urbanas especiales.
- Gestión de puntos de recogida urbana.
- Almacenamiento completo de pequeños lotes o unidades.
- Gestión de cobros y documentación anexa.
- Controles, información y reportes.
- Soporte y atención al cliente o consumidor.
- Desarrollo de sistemas de comunicación automática con clientes y empresas.
- Sistemas de seguimiento de pedidos.
- Integración automática con la web del cliente

¿Cómo se aplica el envío tercerizado?

El envío tercerizado o *dropshipping* es una estrategia que consiste en vender productos de terceros, por lo que es más propia de distribuidores que de fabricantes. Para ello, se llega a **acuerdos con los fabricantes o distribuidores y se comercializan sus productos con la imagen y documentación propias.** De ese modo, se sirven los pedidos desde el lugar de producción, lo que permite a la empresa comercializadora prescindir de almacenes, ahorrar costos y reducir la inversión inicial. A pesar de las ventajas, el margen de beneficio que se obtiene por cada venta es menor.

Ejemplo

Una empresa vende tabletas electrónicas de distintas marcas y no tiene almacén ni inventarios. Desde su web emite órdenes para informar a los almacenes de las diversas marcas de que tiene que servir un pedido. Previamente ha acordado la distribución tercerizada para que puedan servir en su nombre.

Solución

Un acuerdo de distribución desde el proveedor hasta el cliente hace necesario fijar muy bien cada parte del proceso para obtener la rentabilidad esperada en un entorno en el que los medios son de un tercero. Es importante definir y acordar previamente los siguientes puntos:

1. Qué embalaje se empleará para conservar la imagen corporativa de la empresa comercializadora.
2. Qué tipo de albarán se generará y qué dirección de remite se indicará.
3. Qué información contendrá la etiqueta, dependiendo de cada pedido.
4. Especificar si los pedidos individuales se unificarán o no. En caso de unificar dos o más pedidos, hay que fijar descuentos por embalado o entrega.
5. Qué plazos de entrega por zonas se aplicarán, ya que es necesario anunciarlo.
6. Fijar las condiciones de devolución y posibles costos adicionales.
7. Concretar el costo y el modo de pago y cobro de los reembolsos.
8. Determinar el sistema de registro y la gestión de la información de las entregas realizadas.
9. Fijar las condiciones por las cuales el proveedor respetará a los clientes que aporte la comercializadora.
10. Desarrollar la aplicación informática para que el distribuidor recoja y tramite automáticamente los pedidos desde la web del cliente.

¿Cómo ahorrar costos de reparto derivados de atascos?

La mayor concentración de costos en la distribución urbana se produce en la llamada última milla, que corresponde al último tramo de la entrega. Uno de los factores que más hace aumentar los costos son los atascos, ya que **se consume más combustible, baja la productividad (menor número de repartos por día) y produce retrasos.** Estas son las principales técnicas para evitarlos:

- **Utilizar vehículos ligeros** (triciclos, bicicletas) que puedan circular por la ciclovía o carriles especiales.
- **Usar motocicletas de reparto** que puedan evitar los atascos.
- **Programar los repartos en las llamadas «horas valle»,** cuando hay menos circulación.
- **Entrega combinada mediante nodos de distribución urbana.** Son puntos en los que un vehículo grande entrega un gran conjunto de envíos sueltos, lo que permite a los repartidores cargar vehículos más pequeños. Una variante son los CUC **(ficha H5).**
- **Entrega modular.** Es una variante de la anterior. Un vehículo llega con contenedores pequeños (de entre 1 y 2 m³), y hace una ruta en la que deja contenedores cargados y recoge los vacíos en la calle. Hace las entregas a repartidores a pie que llevan un carro eléctrico para transportarlos.
- **Entrega en puntos de recogida** a los que va el cliente.
- **Entrega en consignas automáticas** que se pueden encontrar en lugares públicos o en instalaciones dentro del propio edificio.
- **Usar vehículos eléctricos, híbridos o a gas,** de bajo consumo que reduzcan la contaminación y los costos externalizados.
- **Programar el reparto en horas nocturnas.**
- **Usar la programación inteligente del transporte,** que busque rutas alternativas con menor densidad de tráfico.
- **Agrupar envíos con otras empresas** para compartir gastos.
- Usar programas de ayuda a la **conducción eficiente.**
- **Hacer la «ruta del panadero».** Es una entrega diaria a una hora establecida y en las mismas paradas en las que el cliente se compromete a ir a recoger en persona.

Centros urbanos de consolidación (CUC)

Se trata de **superficies de gran tamaño, situadas en núcleos urbanos, donde se realizan diferentes operaciones logísticas.** Suelen ubicarse en el subsuelo de centros comerciales o garajes a los que llegan vehículos medianos o de gran tamaño con multitud de pedidos para transbordarse a vehículos más pequeños. Acostumbran a contar con tiendas o puntos de recogida a los que pueden acudir los clientes.

A diferencia de las tiendas o puntos de recogida particulares de las empresas de transporte, los CUC tienen una estructura formada por tres agentes que desempeñan diferentes acciones:

Operador de última milla:

- Gestión empresarial y operativa del CUC.
- Servicio de entrega y recogida a terceros en la última milla.
- Servicios de alquiler de flota compartida de vehículos.
- Servicios de recarga y aparcamiento a vehículos híbridos o a gas.

Empresas logísticas:

- Entregas y recogidas en el CUC con vehículos de tamaño medio o grande.
- Entregas y recogidas en la última milla con vehículos propios o del CUC.
- Coordinación con el CUC.

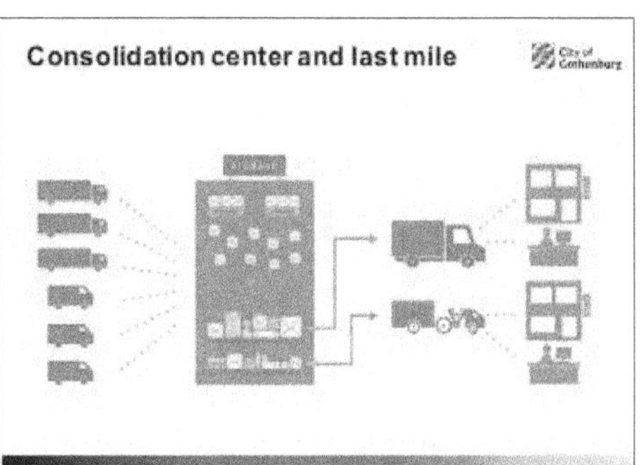

Ayuntamiento o administración local:

- Autorizaciones administrativas.
- Definición de las políticas urbanas del transporte de mercancías.
- Desarrollo de subvenciones y restricciones para apoyar el CUC.
- Realización de actividades de promoción y consecución de apoyos.

¿Cómo ahorrar costos por ausencia de destinatario?

Una de las grandes dificultades de la distribución urbana de mercancías se produce cuando el repartidor llega al destino para realizar la entrega y el destinatario no se encuentra en su domicilio para poder recibirla. En función de lo establecido por la empresa de transporte, es posible que se tenga que regresar a la dirección de entrega, lo que supone un doble costo. Por ello, es muy importante **reducir la posibilidad de que se den segundos o terceros repartos** o minimizar su costo.

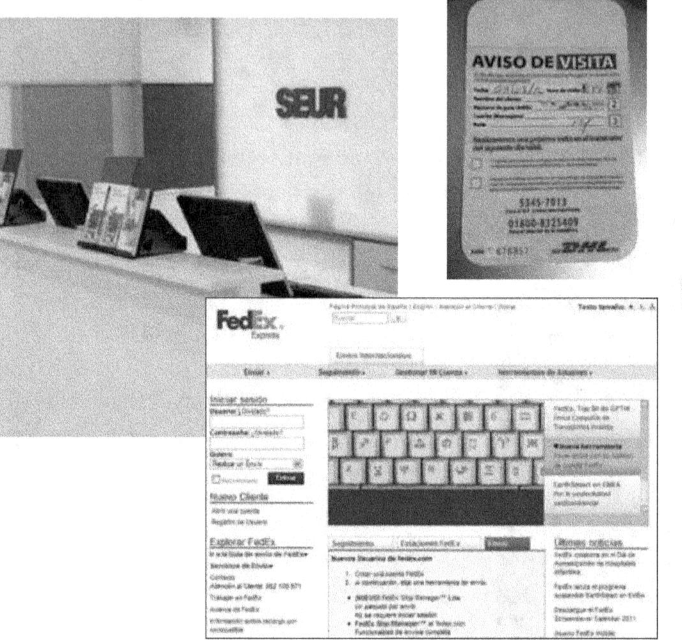

Solución

1. Cobrar un sobrecosto a partir del segundo reparto fallido.

2. Establecer en las condiciones que en caso de ausencia en el primer reparto se dejará una nota para que el destinatario pase a recoger el paquete por un punto de entrega cercano a la dirección de destino.

3. Premiar con un descuento las entregas en un punto concertado (consigna, punto de recogida, etc.).

4. Llamar al teléfono del destinatario antes de pasar por segunda vez.

5. Solicitar la validación de la hora de reparto en el pedido por mensajería instantánea

Gestión de cobros y justificante de entrega

Uno de los aspectos críticos de la distribución de pequeños envíos es el cobro contrarrembolso, así como la administración de los justificantes de entrega para su comprobación ante posibles reclamaciones o devoluciones.

Cuando este sistema implicaba hacer pagos en metálico y aportar documentación física, esto suponía riesgos para el personal de reparto: posibilidad de hurto, necesidad de llevar monedas, aceptar la entrega en un domicilio vecino o las firmas ilegibles.

La aplicación de las tecnologías de la información y la comunicación y las actuales exigencias jurídicas en cuanto a la precisión del comprobante, han motivado la **aparición de nuevos recursos y han hecho variar las técnicas de gestión en el reparto domiciliario.**

Solución

1. Utilizar dispositivos de pago electrónico que admitan tarjetas de crédito o el pago mediante teléfono.

2. Admitir la devolución de cambios vía pago electrónico aunque se haya pagado en metálico.

3. Exigir la firma digital y el número de identidad (en algunos casos se puede pedir el documento escaneado).

4. Instalar impresoras o escáneres portátiles en los vehículos de reparto para imprimir o escanear documentos físicos.

5. Dotar a las empresas de medios de escaneo masivo para archivar en línea los albaranes de entrega.

¿Cómo optimizar el embalado y etiquetado en la e-logística?

Las empresas que venden a través de tiendas en línea tienen unas **dificultades específicas en el embalado y etiquetado,** diferentes a las de la logística tradicional. La diferencia radica en que la e-logística acostumbra a vender bulto a bulto, y es posible que se realice distribución bajo el modelo de envío tercerizado **(ficha H3).** Estos son algunos de los problemas que implica:

- Se genera una enorme variedad de embalajes de distintos tamaños, que deriva en grandes inventarios de embalaje vacío.

- Necesidad de diseñar embalajes especiales para reforzar la imagen de marca en línea.

- En el caso de envíos tercerizados, el distribuidor se enfrenta al reto de embalar sus productos para muchas compañías comercializadoras, que siempre desean destacar su imagen de marca o eliminar la del fabricante.

- Disponer de un embalaje especial para los envíos que suman varios pedidos.

Solución

Técnicas para solucionar estos problemas:

- Reducir la lista de posibles tamaños de embalaje, ajustando el contenido mediante el relleno óptimo.

- Utilizar cajas neutras y prescindir del uso de logotipos.

- Emplear cajas neutras a las que se puede añadir un logotipo mediante etiquetas adhesivas o sistemas de impresión en el momento. También se pueden cubrir las cajas con hojas adhesivas o bolsas de cartón personalizadas.

- Usar cajas de un operador logístico y no del fabricante si el envío es tercerizado.

¿Cómo implementar un sistema de seguimiento de envíos?

Tanto para las empresas vendedoras como para las de transporte es fundamental contar con un sistema de seguimiento de envíos. No obstante, existen muchas casuísticas que dificultan su implementación:

- Es posible que las empresas vendedoras trabajen con varias empresas de transporte.

- Las empresas de transporte pueden establecer sistemas de seguimiento propios o tener que vincular su información con la de clientes muy distintos.

- Existen numerosos sistemas de introducción de datos en el proceso de envío, así como sistemas para visualizarlos.

Solución

Técnicas para desarrollar un sistema de seguimiento de envíos en los diferentes procesos de gestión:

Introducción de datos

1. El personal puede introducirlos manualmente al ejecutar cada paso.
2. Se pueden usar etiquetas inteligentes que actualicen cada paso de manera independiente.

Visualización de datos

1. En la web del cliente, del transportista o mediante plataformas especializadas.
2. A través de aplicaciones informáticas.
3. Por mensajería instantánea o mensajes automáticos de voz.
4. Llamando a teléfonos de consulta automática

Sistemas configurables en la integración de datos

1. La empresa de transporte introduce datos en la web del cliente.
2. En la web del cliente aparece un vínculo a la de la empresa transportista.
3. Se utiliza una plataforma independiente de seguimiento de pedidos.

¿Cómo minimizar costos derivados de instrucciones y direcciones erróneas?

En la distribución urbana, la empresa operadora trabaja con márgenes comerciales muy ajustados, por lo que **cualquier contratiempo puede dar lugar a una pérdida económica en la operación.** Uno de los problemas más destacable es la existencia de direcciones o instrucciones erróneas. Esto puede derivar en gestiones, almacenamiento y segundos repartos que conlleven unos sobrecostos. Sin embargo, es posible emplear algunas técnicas para minimizarlos.

Solución

1. Solicitar la validación de la dirección cuando se realiza el pedido.

2. Disponer de una aplicación informática de validación de direcciones.

3. Indicar la dirección de entrega en la etiqueta para que la revise el personal de reparto.

4. Incluir el teléfono y la persona de contacto en la etiqueta.

5. Contactar telefónicamente para comprobar los datos y comunicar la previsión de entrega.

6. Enviar mensajes instantáneos automáticos anunciando el reparto previamente.

7. Utilizar un sistema pick to light, que permite visualizar en una pantalla el listado de envíos y las instrucciones de entrega, para que se revisen en la cabina del vehículo antes de realizar el siguiente reparto.

8. Incluir un campo obligatorio de indicaciones para la fecha y el horario de entrega.

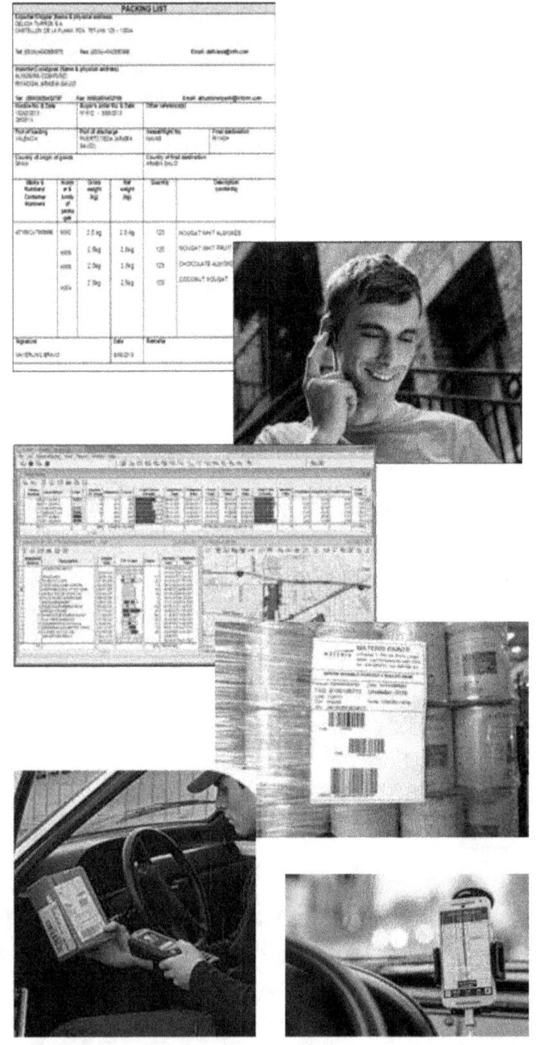

¿Cómo ahorrar costos a través del comercio electrónico colaborativo?

El comercio electrónico colaborativo es una nueva tendencia que permite a las empresas y a las personas el uso de **plataformas especializadas que agrupan las compras y las entregas,** reduciendo así los costos logísticos. Este tipo de comercio es cada vez más habitual (se aplica en servicios de vehículos compartidos, por ejemplo).

Solución

Técnicas para beneficiarse del comercio electrónico colaborativo:

- Primero hay que negociar descuentos por volumen con las compañías de transportes en los siguientes casos:

  1. Agrupación de recogidas, en el tramo desde el origen hasta el destino principal.
  2. Agrupación de entregas, reduciendo el número de destinos.

- Debe visualizarse en la tienda en línea un apartado de descuentos por entregas colaborativas, para que los clientes puedan seleccionar las características de la entrega:

  1. Fecha y domicilio de entrega individual.
  2. Posibilidad de que se entreguen varios pedidos a diferentes destinatarios en una fecha compartida y en un domicilio personalizado.
  3. Posibilidad de que se entregue un pedido en una fecha determinada y que se recoja en un lugar común (punto de conveniencia o recogida).

Además de aplicar estas técnicas a la tienda en linea propia, se pueden buscar webs de terceros en las que encajar los productos propios.

¿Cómo minimizar los costos de la logística inversa en el comercio electrónico?

Uno de los sobrecostos más significativos de la venta en línea se deriva de la logística inversa, es decir, cuando hay que **recoger un pedido ya entregado.** Las causas de esta incidencia pueden ser muy diversas. A continuación se proponen algunos de los motivos y las posibles soluciones:

- El pedido es incorrecto, no se corresponde con lo solicitado.
- El producto deja de funcionar dentro del periodo de garantía.
- El pedido llega dañado o en condiciones inadecuadas.

- Se entrega el producto correcto al mismo tiempo que se recoge el incorrecto.
- Se valora la reparación o la destrucción.

- El cliente no está conforme con lo recibido y hay un periodo para devoluciones.
- Sobran piezas o unidades en el pedido.

- Se almacena el producto recogido en el lugar más cercano. Se puede reprogramar la entrega a otro cliente si el producto está en buenas condiciones.
- Se valora si recoger las piezas, solicitar su destrucción o permitir que el cliente se las quede.

1 Visita el **Centro de devoluciones online** y haz clic en **Devolver productos**

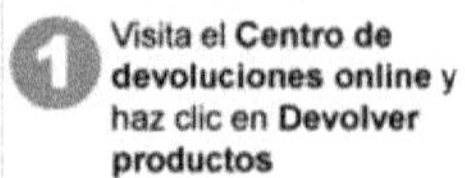
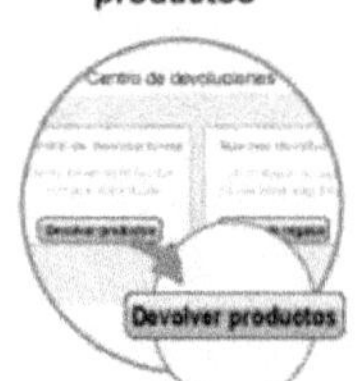

2 Encuentra el producto que quieres cambiar y haz clic en **Crear mi propia etiqueta**

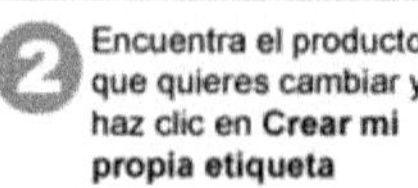

3 Selecciona el producto y el **Motivo de la devolución**

4 Empaqueta el producto de forma segura y pega la etiqueta de devolución en el exterior

Ejemplo de instrucciones para devoluciones.

- Faltan piezas o unidades en el pedido
- Son muestras que se han prestado temporalmente para favorecer una venta posterior.
- Se ha pactado una devolución del embalaje tras la entrega.

- Se entregan las piezas que faltan sin reponer todo el pedido
- Se coordina la recogida y la entrega a otro cliente en la misma orden, para no devolverlo al remitente.
- Se coordina la recogida de los embalajes a partir de un volumen mínimo.

Sistemas de optimización de rutas de reparto

Las empresas de mensajería o paquetería deben optimizar las rutas de reparto de sus vehículos, integrando a su vez los distintos **objetivos para ofrecer el mejor servicio a los clientes.** Entre otros, se puede requerir:

- Garantizar la máxima fiabilidad en las entregas.
- Ofrecer el costo de reparto más bajo posible.
- Ser flexible en las fechas de entrega, ofreciendo incluso entregas en menos de una hora.
- Tener capacidad para absorber los máximos picos de demanda.

Además de respetar estos objetivos, cuando se optimicen las rutas de reparto, hay que tener en cuenta determinados parámetros, como por ejemplo:

- El tamaño y el tipo de vehículos disponibles.
- La cantidad y las características de los clientes.
- El volumen y el peso medio y máximo de los paquetes que se reparten.
- Las restricciones horarias (hora determinada por el cliente o atascos habituales).
- Las restricciones legales (tacógrafo, limitaciones de acceso a algunas zonas por el tipo de vehículo, etc.).
- La prioridad de entrega en horario comercial (antes de las 8:00 h, por ejemplo).

Para optimizar las rutas se usan modelos matemáticos, que buscan una función objetivo y usan ecuaciones y restricciones que reflejan las variables a tener en cuenta. Hay distintos modelos para hacer estos cálculos:

- **Modelos exactos o lineales.** Las variables son constantes, reales y previsibles. Por ejemplo: costo combustible = km × 0,9 €/km.
- **Modelos heurísticos.** Utilizan algoritmos para solucionar problemas determinados. Hay muchos tipos: constructivos, de reducción, de búsqueda local, inductivos, etc.
- **Modelos metaheurísticos.** Emplean estrategias para resolver una gran variedad de problemas para los que no se pueden aplicar algoritmos fiables.
- **Modelos híbridos.** Combinan distintos modelos.

¿Cómo solucionar el problema del agente viajero con el método del vecino más cercano?

El problema del agente viajero, también conocido por sus siglas en inglés TSP *(travelling salesman problem)*, consiste en planificar un recorrido que conecte una serie de nodos por los que ha de pasar un vehículo una única vez y volver al punto de origen. Esta técnica para optimizar la ruta también puede utilizarse para calcular el menor costo o tiempo posible.

Existen multitud de algoritmos para calcular la ruta. Un ejemplo es el método del vecino más cercano, que consiste en **buscar siempre la distancia más corta desde un punto hasta el siguiente.**

Ejemplo

Una panificadora A tiene que repartir a tres tiendas y quiere saber cuál es la distancia de recorrido mínima posible si sale del punto A, pasa por todas las tiendas y regresa al punto inicial.

A este problema se le pueden añadir otras variables como costo, tiempo, etc.

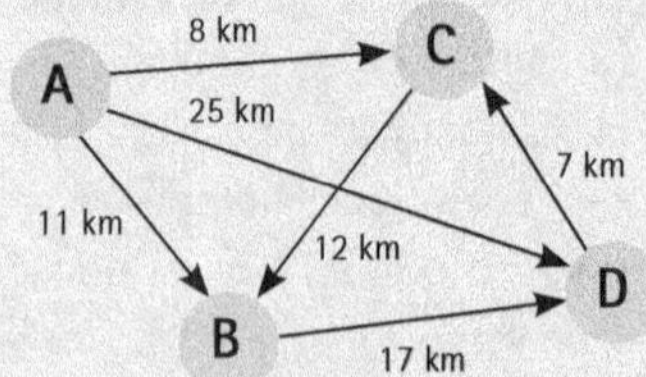

	A	B	C	D
A	0	11	8	25
B	11	0	12	17
C	8	12	0	7
D	25	17	7	0

1. Se escoge el punto más cercano al de origen. En este caso es el punto C, con una distancia de 8 km. Es decir, el primer recorrido sería A–C.

	A	B	C	D
A	0	11	8	25
B	11	0	12	17
C	8	12	0	7
D	25	17	7	0

2. Una vez en C, se calcula la distancia hasta los puntos que aún no se han visitado, y se escoge el más cercano. En este caso, la mejor opción sería dirigirse a D, recorriendo 7 km. El recorrido sería A–C–D.

	A	B	C	D
A	0	11	8	25
B	11	0	12	17
C	8	12	0	7
D	25	17	7	0

3. Se repite el proceso desde el punto D. El punto más cercano es el B, con una distancia de 17 km. Finalmente, se regresa al punto A, recorriendo 11 km. El recorrido más corto sería A–C–D–B–A, con una distancia total recorrida de 43 km.

 Existen aplicaciones para trazar estas rutas, como el programa gratuito WinQSB 2.0.

¿Cómo solucionar el problema del agente viajero con el método de la fuerza bruta?

Este método para calcular la ruta óptima prescinde de algoritmos y fórmulas concretas de cálculo. Presenta las **combinaciones posibles y suma los resultados,** lo que permite elegir la opción más conveniente.

Solución

Para comprobar la diferencia con el método del vecino más cercano y poder comparar las dos soluciones, se utilizará el ejemplo de la panificadora A **(ficha H14).**

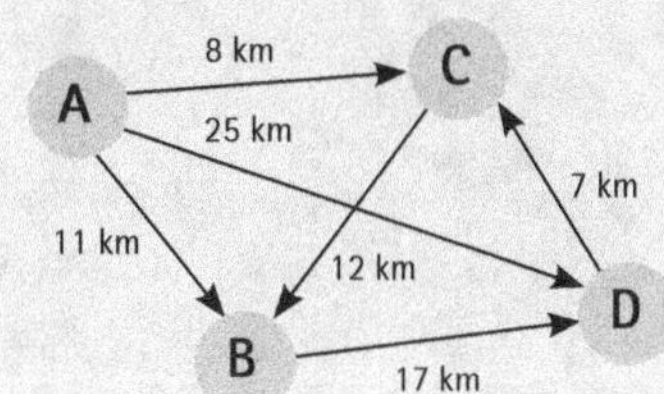

1. Primero hay que plasmar las diferentes distancias entre los nodos de la ruta, como se muestra en la imagen (distancia entre A y B, entre A y C, etc.).

	A	B	C	D
A	0	11	8	25
B	11	0	12	17
C	8	12	0	7
D	25	17	7	0

2. Después se exponen las posibles combinaciones de rutas y se calcula la distancia resultante:

- A–C–D–B–A = 8 + 7 + 17 + 11 = 43 km
- A–C–B–D–A = 8 + 12 +17 + 25 = 62 km
- A–D–C–B–A = 25 + 7 + 12 + 11 = 55 km
- A–D–B–C–A = 25 + 17 + 12 + 8 = 62 km
- A–B–D–C–A = 11 + 17 + 7 + 8 = 43 km
- A–B–C–D–A = 11 + 12 + 7 + 25 = 55 km

3. Finalmente se eligen las rutas más breves. En este caso, las mejores opciones serían:

- A–C–D–B–A = 43 km
- A–B–C–D–A = 43 km

Este sistema se aplica normalmente para rutas con menos de 20 nodos a recorrer, ya que con mas nodos el número de combinaciones sería muy elevado

¿Cómo solucionar el problema de la mochila con el método de ramificación y poda?

También conocido por las siglas KP *(knapsack problem)*, es un problema de **optimización combinatoria,** que forma parte de una lista de problemas computacionales ideada por el informático teórico Richard Karp en 1972.

El dilema consiste en meter en una mochila una serie de ítems de diferentes pesos y valores, de tal manera que se obtenga el mayor beneficio posible y no se exceda el peso o volumen máximo que soporta la mochila. Por lo tanto, hay que buscar la combinatoria óptima.

En logística, se aplica a la pregunta de cómo obtener el mayor rendimiento económico en cada ruta de reparto.

Solución

Existen diversos algoritmos para solucionar el problema. Uno de los más efectivos es el método de ramificación y poda, conocido así por su representación gráfica. Este método presenta las posibles combinaciones como un árbol de soluciones, que se elabora informáticamente a través de funciones, variables y restricciones.

Para ver su aplicación, se partirá del ejemplo de la panificadora A **(ficha H14),** representado en el esquema.

Este método de algoritmos detecta **en qué ramificación las soluciones dadas no son óptimas, para realizar una «poda»** de esa rama. El objetivo es dejar de malgastar recursos en aquellas combinaciones que se alejan de la solución óptima.

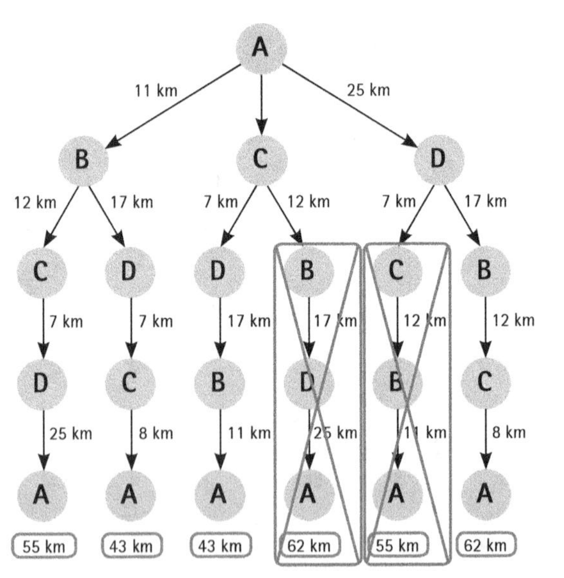

¿Cómo optimizar la ruta con los modelos PRV?

El problema de rutas de vehículos o PRV *(vehicle routing problem o VRP)* es un modelo de diseño de rutas para que una flota de transporte pueda dar servicio a sus clientes. Además de la ruta de reparto, se han de considerar una serie de **variables y restricciones, así como unos objetivos de optimización.**

Solución

El modelo presenta diversas variantes según las variables de la ruta:

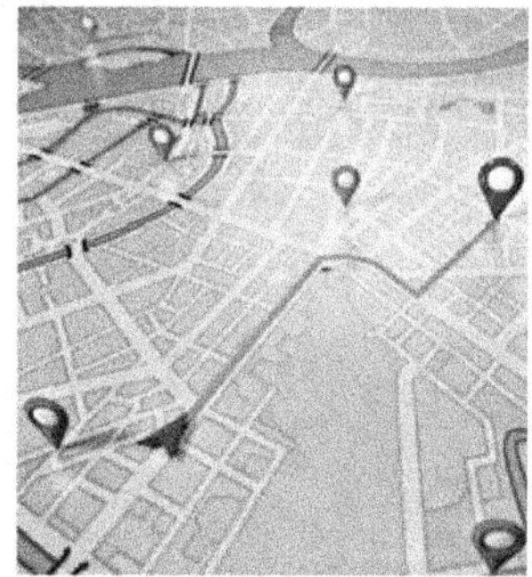

- Con ventanas horarias de entrega **(VRPTW).** Cada cliente debe ser atendido dentro de una ventana horaria concreta.
- Con ventanas horarias en caso de incumplimiento de entrega **(VRPSTW).**
- Con destinos móviles **(VRPMD).** Hay múltiples almacenes desde los que pueden servirse los pedidos.
- PRV periódico. Cuando existen fechas de entrega fijas.
- PRV estocástico. Sometido a los imprevistos del azar.
- PRV abierto. Cuando el vehículo no tiene que regresar al almacén de origen, pudiendo usar otros.
- Con recogida y entrega al mismo tiempo **(VRPPD).**
- Cuando existen flotas heterogéneas de vehículos **(VRPHE).**
- Cuando la capacidad es limitada **(CVRP).**

Proceso

El proceso general de trabajo con un modelo PRV se realiza a través de la investigación operativa, cuyos pasos son los siguientes:

1. Definir el problema.
2. Elegir el modelo de optimización que se aplicará.
3. Analizar y decidir la solución óptima.
4. Realizar pruebas reales para validar la solución o corregirla.
5. Implementar la solución elegida.

Estos cálculos son complejos, por lo que se realizan a través de distintos programas informáticos. Un ejemplo es la aplicación «Rutas», que permite realizar cálculos CVRP.

¿Cómo solucionar el problema del cartero chino?

También conocido por las siglas CPP, es un problema de optimización de rutas formulado por Kwuan Mei-ko en 1962. Consiste en **encontrar el camino más corto pasando por cada arista de un grafo** (representación gráfica de un recorrido) y volviendo al nodo de partida. Existen diversas soluciones y variantes:

- **En un grafo dirigido (DCPP).** La conexión entre los nodos no es bidireccional.
- **En un grafo mixto (MCPP).** Algunas de las aristas podrían estar direccionadas.
- **Con viento (WPP).** No es igual de costoso recorrer las aristas en una dirección que en otra (debido a la inclinación de la carretera, el tráfico, etc.).
- **El cartero rural (RPP).** Encontrar el ciclo más barato para recorrer un subconjunto de aristas.

Ejemplo

Un ejemplo de solución posible al problema del cartero chino:

1. Se marcan las esquinas de cada nodo y se conectan, representando así el recorrido en forma de grafo.
2. Se determinan las distancias entre cada punto.
3. Se analiza cómo se conectan los nodos, para determinar si hay un número par o impar de conexiones.
4. Se calcula la distancia entre los que tienen un número de conexiones impar.
5. Se calculan los arcos ficticios.
6. Para obtener la solución se parte del nodo A, se pasa por todos los nodos con conexiones pares, teniendo en cuenta los arcos ficticios, y sin repetir el recorrido.

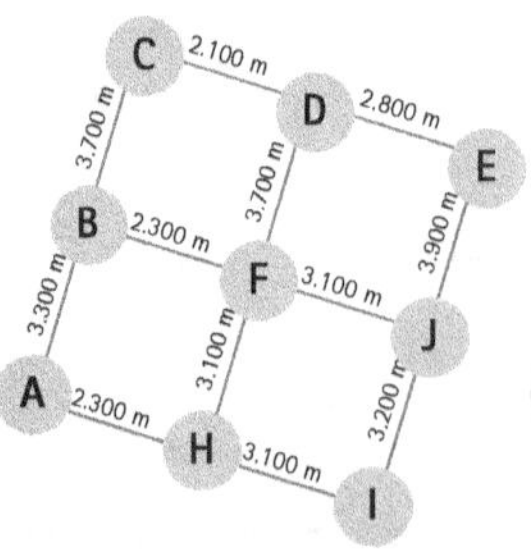

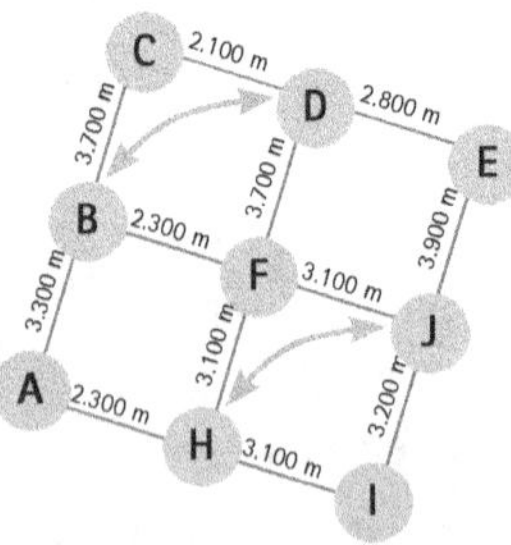

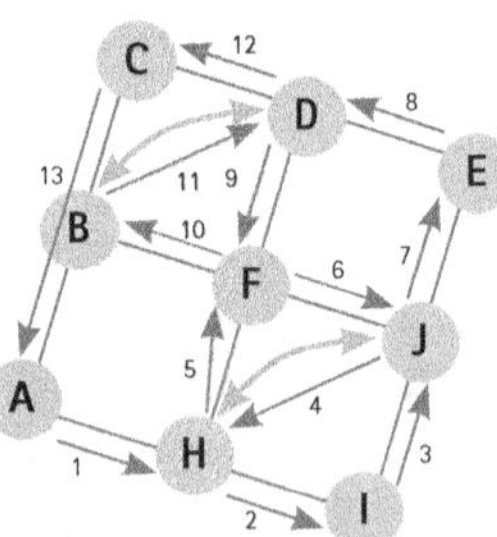

Nodo	Distancia
B-D	5.800
B-J	5.400
B-H	5.500
D-J	6.700
D-H	6.900
J-H	5.900

Arco ficticio	Distancia
B-J	5.400
D-H	6.900
Total	12.300

La logística verde y su impacto en el ahorro de costos

Desde las empresas que prestan servicios logísticos se hacen esfuerzos transformadores para reducir las emisiones contaminantes, prevenir la escasez de recursos naturales y evitar la saturación por acumulación de residuos. El objetivo es **adaptar los procesos logísticos a la necesidad de preservar el medio ambiente** y al consumo racional de recursos. El conjunto de técnicas, tácticas y estrategias para conseguir dicho objetivo se denomina logística verde. Además de actuar para evitar el impacto ecológico de la logística, la logística verde también permite ahorrar costos logísticos.

Descripción

La logística verde aborda una serie de campos:

1. Reducción de **emisiones.** Su principal indicador es la huella de carbono **(ficha H20).** Propone un conjunto de medidas en el transporte, el almacén y la estrategia de distribución para reducir los gases de efecto invernadero.

2. Reducción de **recursos y servicios** consumidos. Producir únicamente la cantidad necesaria para reducir el impacto medioambiental.

3. Gestión y **reciclaje** de los residuos generados.

4. Medición, análisis y planificación de actividades que tengan un impacto en el medio ambiente, de una forma estandarizada y que permita una **gestión medioambiental** de calidad.

Para regular las actividades que tienen un impacto en el medio ambiente, se han desarrollado estándares internacionales como la norma **ISO 14001.** Asimismo, existen distintas regulaciones y modelos de gestión según su ámbito (locales, nacionales, etc.) o sector a tener en cuenta.

¿Qué es la huella de carbono?

Es un **indicador que mide el impacto sobre el medioambiente de los gases de efecto invernadero** (GEI) emitidos en la fabricación de un producto o por la actividad de un servicio, evento u organización, de forma directa o indirecta durante su vida útil o durante un periodo de tiempo concreto.

El efecto invernadero, propiciado por los GEI, provoca un sobrecalentamiento de la atmósfera, lo que conlleva nefastos efectos medioambientales. Por ello, existen normativas como el Protocolo de Kioto para tratar de controlar su efecto. Para calcular la huella de carbono, se examina la emisión de los gases que este protocolo determina como GEI:

- Dióxido de carbono (CO_2).
- Metano (CH_4).
- Óxido nitroso (N_2O).

- Hidrofluorcarburos (HFC_S).
- Hexafluoruro de azufre (SF_6).
- Perfluorcarbono (PFC_S).

Normativa

Existen distintas iniciativas y protocolos internacionales para el cálculo de la huella de carbono:

- **Para las organizaciones:**

  - Greenhouse Gas Protocol (GHG).

  - ISO 14064-1.

- **Para productos, servicios o eventos:**

  - Norma PAS 2050.

  - ISO/TS 14067.

  - ISO 14044.

Además, existen multitud de herramientas, organismos y páginas web que permiten su cálculo introduciendo determinados parámetros **(ficha H22).**

¿Cómo calcular la huella de carbono en organizaciones con el Protocolo GHG?

Fue desarrollado por el World Resources Institute (WRI) y el World Business Council for Sustainable Development (WSCSD), junto a distintos Estados, empresas y grupos internacionales. La finalidad del Protocolo GHG es **generar un conjunto de procesos que permitan reducir el impacto negativo del cambio climático.**

Solución

La huella de carbono en las organizaciones es la cantidad total de GEI que estas generan. Se mide la cantidad que emiten, tanto de manera directa como indirecta, en kg de CO_2 equivalente (CO_{2eq}), es decir, la cantidad de GEI distintos del dióxido de carbono convertidos a su valor equivalente en CO_2.

$$\text{Huella de carbono total} = \Sigma \text{ kg/CO}_{2eq} \text{ total}$$

Para obtener los kg de CO_{2eq} se convierten los gases (metano, óxido nitroso, hidrofluorocarburos, etc.) a este parámetro mediante un factor de conversión y se utiliza la siguiente fórmula:

$$\text{Huella de carbono} = \text{dato de actividad} \times \text{factor de emisión}$$

- El dato de actividad se mide en los valores determinados para cada producto durante un periodo concreto. Por ejemplo, el consumo anual de gasolina en litros (l).

- El factor de emisión lo marca el Protocolo en unas tablas que se pueden consultar. Por ejemplo, para diésel sería 2,471 kg CO_2/l.

Para calcular la huella de carbono un vehículo que consume 10000 l/año de combustible diésel:

$$10.000 \text{ l} \times 2,471\text{kg/CO}_2/\text{l} = 24.710 \text{ kg/CO}_{2eq}$$

Normativa

En el protocolo GHG se definen tres alcances a los que puede llegarse en la medición:

Alcance deseado	Parámetros a medir
1. Emisiones directas	• Consumo de combustibles en edificios (calderas de gas natural, gasoil, etc.). • Fugas, por ejemplo de gases refrigerantes en equipos de climatización. • Consumo de combustibles en vehículos.
2. Emisiones indirectas por consumo eléctrico	• Consumo de electricidad en edificios.
3. Otras emisiones indirectas	• Viajes de trabajo con medios de transporte externos. • Servicios subcontratados (gestión de residuos, limpieza, etc.). • Compra de productos. • Otros.

¿Cómo ahorrar costos mediante la huella de carbono?

La apuesta por la logística verde y las estrategias que propone para reducir la huella de carbono supone un ahorro de costos a las empresas:

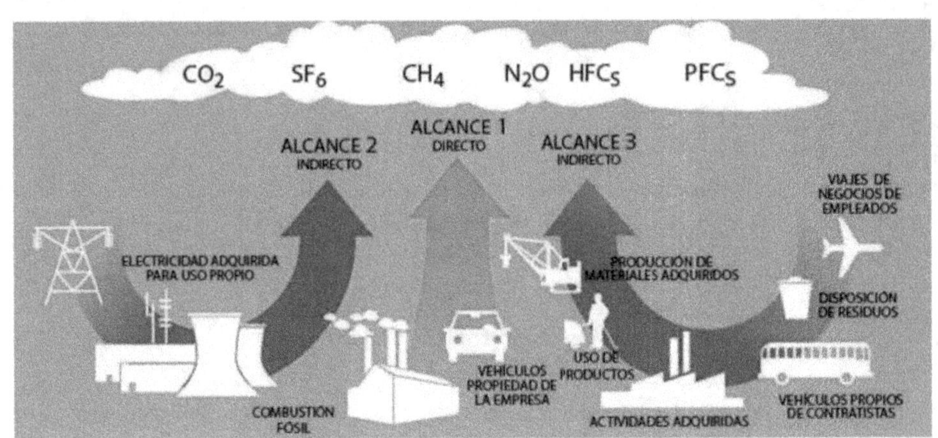

- **Reducir el gasto energético y eléctrico en edificios.** Se puede conseguir mediante la utilización de aislantes, empleo de maquinaria con menor consumo, gestión inteligente, etc. Al reducir el gasto, la inversión se amortiza y genera ahorros.

- **Reducir el gasto de combustible.** Para ello, es posible adoptar las siguientes medidas:

  - Sustituir paulatinamente la flota de vehículos propios (de carretera y almacén) por otros de menor consumo o que funcionen con combustibles alternativos (electricidad o gas).

  - Trabajar con proveedores y empresas que utilicen este tipo de vehículos. Parte del ahorro del proveedor, puede trasladarse a la propia empresa.

- **Aplicar políticas de fomento de transporte público o eco-amigables.** El uso de bicicletas o vehículos eléctricos mejora la imagen de la empresa y reduce la rotación del personal y los costos derivados.

- **Gestión eco-amigable de proveedores.** Aplicar técnicas de reutilización del embalaje (logística inversa) o de reciclaje puede generar ingresos o ahorro costos si es posible vender determinados residuos (chatarra, papel, etc.).

- Aplicar estas políticas puede generar ventas adicionales si se mejora la imagen de marca o dar acceso a determinadas subvenciones.

¿Cómo ahorrar costos con la política de residuo cero?

Un residuo es cualquier sustancia u objeto sobrante que por sus características se puede clasificar según las listas internacionales de referencia (por ejemplo, los Códigos LER). El costo total de eliminación de un residuo es muy elevado ya que supone gran cantidad de mano de obra y costos internos. La política de residuo cero trata de **eliminar totalmente la generación de residuos** mediante la aplicación de diversas técnicas:

Técnica	Ejemplo
Seleccionar materias primas que no generan residuos	Elegir envases reutilizables en lugar de palés de un solo uso y film estirable
Determinar el balance de masas (masa original y masa resultante) e intentar aproximarlas	Utilizando flejes de poliéster se genera un tambor y plástico envolvente como residuo. Utilizando fleje textil, solo la bolsa de plástico
Analizar qué genera los residuos y las soluciones para evitarlos	En lugar de generar restos de madera al cortar los tablones para realizar una estiba, se pueden comprar precortados o aprovechar los restos
Emplear la medición como herramiena para detectar la fuente de los residuos	Si el 10 % de los residuos son grasas y suciedad de las carretillas, se pueden implementar procesos para que no se produzcan escapes
Asegurar que el trabajo se desempeña de manera correcta	Analizar por qué hay rechazos y establecer políticas para evitarlos según su causa
Involucrar al personal y establecer objetivos	Implementar el mantenimiento total productivo con objetivos de generación de residuos individualmente o por equipos
Analizar formas de eliminar o minimizar los residuos que quedan en el fondo de recipientes	En el empleo de jabones, suele quedar siempre residuo en el fondo. Si se usan octavines en lugar de grandes recipientes para mercancías a granel (GRG) se podrá eliminar prácticamente el residuo y transportarse plegado
Fomentar la reutilización	Recubrir de plástico un bidón para su reutilización supone una décima parte del costo que supondría comprar un bidón nuevo
Analizar las causas del inventario muerto (el que no se va a seguir vendiendo) para no volver a producirlo y minimizar los costos	Si se determina que el inventario no puede tener más de seis meses y se aplican descuentos para su venta se disminuye el riesgo del inventario muerto
Analizar los lotes de compra para evitar los excesos de inventario que pueden generar residuos por deterioro	Hacer una compra excesiva para obtener mejor precio por unidad puede generar residuos por obsolescencia. Hay que calcular el lote óptimo
Hacer pruebas de calidad en las instalaciones del proveedor	Si hay que hacer pruebas para un nuevo embalaje, es preferible hacerlo en las instalaciones del proveedor para que pueda aprovechar los residuos generados
Usar depósitos y circuitos en lugar de GRG o bidones para el producto líquido	Se puede suministrar agua destilada con un camión cisterna si se dispone de un depósito permanente que pueda suministrar a diversos puntos
Reducir los riesgos de generación de residuos por mala manipulación	Si se emplean eslingas de acero sin protección se dañarán antes y se convertirán en residuos
Cuadrar los suministros con múltiplos de las cantidades requeridas en cada operación para no generar restos	Si hay que rellenar de anticongelante un depósito de 1,5 l no es recomendable adquirir botelllas de 1 l, porque generarían 0,5 l de resto
Comprar suministros con cierres que no generen residuos	Las cajas pueden disponer de un sistema de cierre de cartón, y se evita cerrarlas con cinta adhesiva

¿Qué es la logística global de proyectos de carga?

Es una rama de la logística dedicada a la **gestión integral del transporte de cargas de gran peso o volumen.** Comprende desde el proceso de diseño de los productos hasta su entrega e incluso servicios posteriores en el lugar de destino. Abarca diversos campos:

- Intervención en el diseño del producto. Supervisa la resistencia adecuada de la pieza ante las fuerzas que soportará durante su manipulación y transporte.

- Embalado y diseño de los sistemas de estabilización y protección. Procura que sean adecuados para la carga

- Planificación y suministro de los útiles, herramientas y vehículos para la manipulación.

- Análisis de las resistencias y holguras de la ruta.

- Obtención de permisos necesarios de transporte.

- Modificación o adecuación de los lugares por los que pasará la pieza para permitir su recorrido. Puede suponer la ejecución de obras especiales para ello.

- Operaciones de carga y estiba de la mercancía, tanto a nivel local como internacional, incluyendo la estabilización de la carga.

- Transporte local (por carretera) o internacional (marítimo). Puede incluir un servicio de apoyo en operaciones de lastrado y análisis estructurales de las cubiertas y puntos de anclaje.

- Elaboración de estructuras para la correcta distribución del peso durante el transporte.

- Descarga y desembalado.

- Ensamblaje y apoyo durante la puesta en marcha.

Decálogo de técnicas para ahorrar costos en logística de proyectos de carga

Gran parte de los **sobrecostos habituales se deben a la falta de planificación** previa del proyecto. Esto provoca que, posteriormente a la producción de la pieza, aparezcan imprevistos que podrían haberse evitado siguiendo unas sencillas técnicas:

1. Durante el proceso de diseño del producto que hay que transportar, hay que tener en cuenta la resistencia estructural necesaria para que la pieza soporte las manipulaciones y las fuerzas a las que se puede ver sometida en el transporte.

2. Calcular el número óptimo de puntos de amarre para la elevación y la estiba, intentando aprovechar aquellos para el proceso de estiba.

3. Antes de la producción del producto, hay que analizar la resistencia de las rutas por las que hay que circular y los costos que pueden producirse. De este modo, se puede adaptar el diseño y el ensamblado para evitar sobrecostos.

4. Previamente a la producción, hay que prever las herramientas y los útiles necesarios para el izado y la estiba, y escoger la opción menos costosa.

5. Antes de realizar cambios estructurales en las vías públicas, hay que considerar el uso de vehículos con mayor número de ejes, radio de giro, etc.

6. Tener en cuenta la opción de modificar el diseño del producto para estabilizar la carga de manera natural, sin emplear estibadores especiales.

7. Negociar un precio de transporte más favorable. Esto se puede conseguir informándose de los posibles tráficos de los porteadores para adaptarse a los mismos.

8. Implementar técnicas de mejora de tiempos para reducir los días necesarios para cada operación.

9. Antes de cada operación, hay que realizar listas de comprobación: de útiles, personas, herramientas o vehículos.

10. Formar al personal de manera conjunta, para que cada individuo comprenda todos los pasos de la cadena. De ese modo, la ejecución de las operaciones resultará más sencilla.

Cómo participar en ferias comerciales
Cristina Peña Andrés

Manual de prevención de riesgos laborales
Blas Gómez

La economia social y solidaria en Barcelona
Ivan Miró, Anna Fernàndez

Negociación para el comercio internacional
Cristina Peña Andrés

Manual del manipulador de alimentos
Blas Gómez

La economía social y solidaria en Barcelona
Anna Fernàndez, Ivan Miró

Manual de seguridad en el trabajo
Marge Books

**Cómo innovar en las pymes.
Manual de mejora a través de la innovación**
Alberto Tundidor Díaz

**Guía documental para exportar e importar.
Los 12 documentos clave**
Alberto García Trius

**Mass customization.
Las claves de la personalización masiva**
Blas Gómez Gómez

**Crédito documentario. Guía para el éxito
en su gestión**
Cristina Peña Andrés, Amelia de Andrés Leal

Guía práctica de las reglas Incoterms® 2010
David Soler

**Certificación Lean Six Sigma Green Belt
para la excelencia en los negocios**
Lean Six Sigma Institute, SC

**Certificación Lean Six Sigma Yellow Belt
para la excelencia en los negocios**
Lean Six Sigma Institute, SC

**Negociación intercultural. Estrategias
y técnicas de negociación internacional**
Domingo Cabeza, Pelayo Corella, Carlos Jiménez

**Las reglas Incoterms® 2010. Manual para
usarlas con eficacia**
Alfonso Cabrera Cánovas

**Regímenes aduaneros económicos y procesos
logísticos en el comercio internacional**
Pedro Coll

**Inglés náutico normalizado para
las comunicaciones marítimas**
José Manuel Díaz Pérez

Shipping & Commercial Case Law
Albert Badia

Gestión medioambiental en la industria
José M.ª Suris

Gestión financiera del comercio internacional
Josep M.ª Casadejús

**Manual de gestión aduanera. Normativas
del comercio internacional y modelos
de integración económica**
Pedro Coll

Los abordajes en la mar
Carlos F. Salinas

**El desorden sanitario tiene cura.
Desde la seguridad del paciente hasta
la sostenibilidad del sistema sanitario
con la gestión por procesos**
Rajaram Govindarajan

**Gestión y liderazgo en una empresa
de seguros**
Simón Mahfoud y Digna Peña

Avda. Alcalde Moix, 28 – 08207 Sabadell (Barcelona) – Tel. +34-931 429 486 – marge@margebooks.com – www.margebooks.com